DE LA

RÉHABILITATION DES CONDAMNÉS

Un compte rendu du présent ouvrage de M. Alianelli a été présenté par M. V. Molinier, professeur de Droit criminel à la Faculté de Droit de Toulouse, à l'Académie de Législation. — (V. Recueil de l'Académie de Législation, 1870), brochure in-8°. F. Gimet, libraire, rue des Balances, 66, Toulouse. 1870.

M. Molinier a également entretenu l'Académie des travaux de M. Alianelli sur le nouveau code de commerce de l'Italie : *Institutes de Droit commercial — Le Code de commerce italien.* — (V. Recueil de l'Académie de Législation, 1870, p. 284.)

DE LA
RÉHABILITATION
DES
CONDAMNÉS

PAR

NICCOLA ALIANELLI

PREMIER PRÉSIDENT HONORAIRE A LA COUR DE CASSATION DE NAPLES

TRADUIT DE L'ITALIEN

PAR

PIERRE SARRAUTE

LAURÉAT DE LA FACULTÉ DES LETTRES
DE LA FACULTÉ DE DROIT
ET DE L'ACADÉMIE DE LÉGISLATION DE TOULOUSE
SUBSTITUT DU PROCUREUR DE LA RÉPUBLIQUE A LA RÉOLE.

———

(ARTICLE EXTRAIT DE *LA FRANCE JUDICIAIRE.*)

———

PARIS

A. DURAND et PEDONE-LAURIEL, Éditeurs,

LIBRAIRES DE LA COUR D'APPEL ET DE L'ORDRE DES AVOCATS

G. PEDONE-LAURIEL, SUCCESSEUR
13, rue Soufflot, 13.

1882

A. DURAND et PEDONE-LAURIEL, Éditeurs

Libraires de la Cour d'appel et de l'Ordre des Avocats

G. PEDONE-LAURIEL, Successeur

13, rue Soufflot, PARIS.

LA FRANCE JUDICIAIRE

REVUE BI-MENSUELLE

DE LÉGISLATION, DE JURISPRUDENCE ET D'ÉLOQUENCE JUDICIAIRE

plus spécialement consacrée à recueillir

LES LOIS ET DÉCISIONS JUDICIAIRES LES PLUS IMPORTANTES

ET LES ARRÊTS ET JUGEMENTS RENDUS DANS LE

RESSORT DE LA COUR D'APPEL DE PARIS

(Fondée en 1876)

PUBLIÉE SOUS LE PATRONAGE DE

MM. **G. Bédarrides** (C. ✳), président à la cour de cassation; — **Larombière** (C. ✳), premier président à la cour de Paris, membre de l'Institut; — **E. Glasson**, professeur à la faculté de droit de Paris, membre de l'Institut; — **E. Rousse** (✳), ancien bâtonnier de l'Ordre des avocats de Paris, membre de l'Académie française

PAR

CHARLES CONSTANT

Avocat à la cour d'appel de Paris,

Avec la collaboration d'un grand nombre de magistrats, de professeurs et d'avocats.

Les abonnements partent tous du 1er novembre.

ABONNEMENT ANNUEL : 18 FRANCS.

LES SIX PREMIÈRES ANNÉES, FORMANT 12 VOL. IN-8° DE 800 PAGES, PRIX : **108** FRANCS.

AVIS IMPORTANTS

1º Il est répondu par lettre ou dans la première partie de la revue, à toutes les questions posées par les abonnés;

2º Les abonnés ou correspondants étrangers peuvent également s'adresser à l'administration de la *FRANCE JUDICIAIRE* pour leur faciliter, en France, le moyen d'exercer ou de défendre leurs droits ou ceux de leurs nationaux;

3º La revue laisse aux auteurs l'entière responsabilité de leurs écrits.

Adresser tous les manuscrits et toutes les communications relatives à la rédaction de la revue à M. Charles CONSTANT, avocat à la cour d'appel, 48, boulevard Saint-Michel, à Paris.

Tout ce qui concerne l'envoi des journaux, livres ou brochures (en double exemplaire), pour en être rendu compte, ainsi que l'Administration et les Abonnements doit être adressé à M. PEDONE-LAURIEL, libraire de la Cour d'appel et de l'Ordre des avocats, 13, rue Soufflot, à Paris.

DE LA
RÉHABILITATION
DES
CONDAMNÉS

PAR

NICCOLA ALIANELLI
PREMIER PRÉSIDENT HONORAIRE A LA COUR DE CASSATION DE NAPLES

TRADUIT DE L'ITALIEN

PAR

PIERRE SARRAUTE
LAURÉAT DE LA FACULTÉ DES LETTRES
DE LA FACULTÉ DE DROIT
ET DE L'ACADÉMIE DE LÉGISLATION DE TOULOUSE
SUBSTITUT DU PROCUREUR DE LA RÉPUBLIQUE A LA RÉOLE.

(ARTICLE EXTRAIT DE *LA FRANCE JUDICIAIRE*.)

PARIS

A. DURAND et PEDONE-LAURIEL, Éditeurs,
LIBRAIRES DE LA COUR D'APPEL ET DE L'ORDRE DES AVOCATS
G. PEDONE-LAURIEL, SUCCESSEUR
13, rue Soufflot, 13.
—
1882

DE LA

RÉHABILITATION DES CONDAMNÉS

———

Sous un gouvernement absolu on n'est pas véritablement citoyen mais sujet, et les droits politiques ne consistent que dans l'aptitude aux fonctions publiques. Tout dépend de l'arbitraire du pouvoir irresponsable. La perte des droits politiques comme conséquence d'une condamnation pénale a une bien mince importance et il y en aura peu qui s'empresseront de recouvrer les droits qu'ils auront perdus. Mais quand des ministres responsables doivent, dans les nominations aux fonctions publiques, respecter les conditions de capacité fixées par la loi, quand le citoyen peut librement exprimer son suffrage, et qu'il est lui-même éligible, qu'il peut être juge d'une affaire dans un tribunal criminel, quand il est, en un mot, positivement *citoyen*, l'interdiction devient une peine très grave et la réhabilitation recouvre toute son importance en tant qu'institution judiciaire et moralisatrice et comme complément de tout système pénitentiaire.

Sous le bénéfice de ces considérations, j'ai pensé que ce ne serait pas faire une œuvre inutile et inopportune que d'écrire un traité spécial sur la réhabilitation.

I. — ÉQUITÉ ET UTILITÉ DE LA RÉHABILITATION.

Bien que différemment réglée, la peine de l'interdiction des droits de citoyen se trouve employée, et souvent abusivement, par toutes les législations. Je ne veux pas entreprendre ici l'historique d'une telle peine, ni l'exposition des principes juridiques et politiques qui doivent être suivis, sur ce point, dans la composition d'un code pénal pour que son application en soit juste; il me suffira de noter que l'interdiction a une valeur toute morale et par conséquent qu'elle n'est l'expression de la conscience publique, qu'elle n'est opportune et efficace que lorsque la loi enlève les droits de citoyen actif au coupable auquel ses concitoyens ont retiré l'estime et la confiance et lorsque la condamnation prive de la capacité juridique celui que l'opinion publique prétend en être indigne.

Si nous tenons pour sage la loi pénale, pour sain le sens moral du peuple, pour juste la sentence, le condamné devrait, en principe, subir la peine prononcée contre lui dans toute sa durée et dans toute sa force, et l'interdit devrait, même après l'expiation de la peine corporelle, rester sous le poids de l'interdiction qu'il a une fois encourue.

Mais tout coupable n'est pas un homme corrompu et tout homme corrompu ne l'est peut-être pas à ce point que tout sentiment de morale et de justice soit éteint en lui. Si l'on doit espérer l'amendement du premier, on ne doit pas désespérer de celui du second.

Si quelqu'un, en raison de sa faute, a mérité la réprobation et la mésestime de ses concitoyens, s'il a été frappé d'interdiction légale et qu'ensuite par sa vie laborieuse, par sa conduite progressivement irrépréhensible, il ait reconquis la considération, la confiance et l'estime publiques, devra-t-il demeurer en état d'interdiction, d'incapacité légale ? La loi persistera-t-elle à le repousser de la communauté civile de ses concitoyens, alors qu'il y est bien accueilli et qu'il y trouve l'estime ?

La négative est pour moi certaine. L'interdiction peut durer encore, après même que la peine corporelle est subie, mais elle ne peut survivre au repentir et à l'amendement ; il ne peut subsister d'incapacité à quelque fonction de la vie civile pour celui qui a cessé d'en être réputé indigne.

Il en résulte que la réhabilitation, l'acte juridique par lequel un individu frappé d'interdiction en vertu d'une condamnation pénale, qui s'est amendé, vient à recouvrer sa capacité perdue, est une institution éminemment juste, une institution moralisatrice, le complément d'un bon système pénitenciaire.

Celui, à qui il est imparti de parcourir une carrière difficile et pénible aura plus de force, ne s'arrêtera pas à mi-chemin las et découragé, se trouvera réconforté et encouragé, s'il est dominé pas la pensée qu'il trouvera à la fin le repos et les louanges.

Si celui qui a traîné la chaîne du forçat durant sa peine était certain que, pendant toute son existence, il devra traîner au milieu de la société la chaîne de l'ignominie et de la réprobation, il n'aurait aucun motif pour observer une bonne conduite et les mauvais penchants qui l'ont détourné une première fois, l'entraîneraient une seconde et plusieurs autres fois encore à de nouvelles et de plus graves fautes, à se mettre en guerre avec la société.

La vertu est certainement belle et aimable par elle-même, mais elle ne perdra ni de sa beauté, ni de sa dignité si elle se présente encore comme utile, précisément à celui qui lui a été infidèle et qui l'a outragée.

Si l'on promet au condamné que la loi le restituera dans les capacités qui lui ont été enlevées, lorsque par une vie de travail et d'honnêteté il aura reconquis l'estime de ses concitoyens, on aura une raison de plus pour s'attendre à ce qu'un tel homme s'amende.

L'expérience de plus de cinquante années n'est point faite pour justifier les espérances fondées sur les avantages qui, selon moi, doivent dériver de la réhabilitation. Mais il ne devait pas en être autrement. Lorsque la masse du peuple reste dans l'ignorance, nous pourrions dire dans l'abrutissement, lorsque non seulement les droits sont méconnus mais encore que le titre de citoyen est proscrit, lorsque dans les lieux de la peine, vraies tanières de bêtes sauvages, les condamnés sont abandonnés aux plus brutaux instincts, faute de système pénitentiaire, il ne faut point s'attendre à quelque efficacité de la simple promesse de la réhabilitation.

Qu'on fasse, avec un système général et bien organisé d'éducation publique, que chacun comprenne la dignité de l'homme et du citoyen, qu'on acquière l'amour et l'habitude du travail et qu'on sente le prix de l'estime des autres, et on verra diminuer le nombre des coupables et des délits.

Que la punition du coupable soit autant que possible, prompte et sûre, que le condamné ne soit pas abandonné à l'oisiveté, à ses instincts et à ses passions, que les sentiments d'honneur s'éveillent ou se renforcent en lui, qu'il trouve grande la différence qu'il y a entre le citoyen actif et l'interdit, en raison de l'importance des droits dont jouit le premier et alors il se promettra avec utilité la restitution des capacités qu'il a perdues. A ces conditions l'institution de la réhabilitation sera un des agents de l'amélioration morale de ceux qui ont eu le malheur de se rendre coupables.

Lorsqu'en 1808, on discuta au conseil d'État, en France, le projet de code d'instruction criminelle, la réhabilitation, énergiquement combattue par l'archichancelier de l'Empire et le ministre de la justice, trouva un défenseur dans Berlier.

La première objection qu'on faisait était qu'on ne commande pas à l'opinion par des lois et des décrets et dès lors, disait-on, la réhabilitation est inutile du moment qu'elle ne restitue pas l'honneur qu'on a perdu; au contraire, ajoutait le ministre, elle est préjudiciable au condamné et à sa famille parce qu'elle ravive le souvenir du délit sans restituer l'honneur.

Si la réhabilitation n'était autre chose qu'un acte du pouvoir, elle pourrait quelquefois paraître juste et utile à cause du bon usage qu'en feraient les hommes prudents, mais l'institution en elle-même serait vicieuse. Les hommes passent, mais les institutions sont permanentes; de là le soin qu'il faut apporter à ce qu'elles soient bonnes.

Cette objection perd toute valeur quand la réhabilitation est bien organisée et elle ne l'est qu'autant qu'on exige, par exemple : *a)* qu'elle ne soit accordée qu'à celui qui, par des actes réitérés et non par une trompeuse apparence, a manifesté son repentir et son amendement, celui qui, par une vie laborieuse et honnête, a reconquis l'estime et la confiance de ses concitoyens; *b)* qu'elle s'obtienne à la suite d'un débat public et solennel et qu'elle ne soit pas la conséquence d'un jugement secret et mystérieux.

La réhabilitation ainsi réglée ne serait point l'acte d'autorité dont il faudrait faire dépendre l'honneur du réhabilité, mais, au contraire, la conséquence et la preuve légale de la bonne conduite et de la bonne réputation. La réhabilitation renouvellerait, il est vrai, le souvenir de la faute commise, mais avec l'affirmation du repentir et de l'amendement. Et le condamné, loin d'y trouver la honte et le déshonneur, y trouverait la louange et l'estime.

L'argumentation de l'archichancelier et du ministre de la justice était
sans portée, parce que le projet qu'on discutait, suivant le système adopté
par le code de 1791, réglait la réhabilitation d'une manière critiquable,
comme on le verra par la suite, mais tel, cependant, qu'il n'en faisait pas
un acte secret de l'autorité.

Le ministre de la justice disait aussi « que le parti le plus raisonnable,
que pouvait prendre le coupable, c'était de se dérober aux regards de la
société. »

Berlier faisait très bien observer, au contraire : « que, par la combinaison
de cette sévère mesure (l'interdiction) avec la possibilité de la réhabilitation,
il devait en résulter d'utiles conséquences et que quand bien même sur
vingt condamnés il n'y en aurait que deux qui auraient une meilleure conduite, il s'empresserait d'admettre le système combattu. Voulez-vous fer-
mer aux condamnés tout chemin qui les conduirait non seulement à l'estime,
mais aussi à l'exercice de quelques droits? Vous les constituez en état de
guerre avec la société et vous les obligez à reprendre leurs infâmes métiers :
offrez-leur donc, au contraire, une espérance qui les rende meilleurs. »

Je demande s'il y aurait de la prudence et de l'à-propos à dire au condamné, qui est sur le point de franchir le seuil de la prison et de rentrer
dans la société, que pour lui le parti le plus sage est de se cacher aux yeux
de ses semblables. Ne serait-ce pas la même chose que de lui déclarer
qu'il est en état de guerre avec la société? Mais serait-il ensuite possible
qu'il fuie les regards d'autrui? Et si cela était possible, ne serait-il pas sou-
haitable, au contraire, qu'il s'exposât aux regards de tout le monde, que
tous ses actes et tout son passé fussent connus?

Quand le condamné est réintégré au sein de la société, il faut qu'il y
trouve de l'occupation et du travail, des encouragements et du soutien et
qu'en s'efforçant de s'y faire tolérer, il finisse par s'y faire estimer.

La réhabilitation considérée comme un acte juridique par lequel on
restitue à celui qui par sa bonne conduite a reconquis l'estime publique,
les droits que la condamnation lui avait fait perdre, est donc une institution
juste et moralisatrice.

Mais pour qu'en pratique elle soit utile et efficace, il faut qu'elle soit bien
réglée quant aux conditions requises pour l'obtenir et aux moyens d'assurer
l'existence de ces conditions.

II. — Histoire de la réhabilitation des condamnés.

1° *Droit romain sous la République.* — On lit dans la partie latine de l'une
des tables d'Héraclée : *quæ municipia, coloniæ, præfecturæ, fora conciliabula
civium romanorum sunt, erunt; ne quis in eorum (ali) quo municipio — co-
lonia præfectura, conciliabulo (in) senatu decurionibus conscriptisque esto, neve
(ali) cui ibi in eo ordine — sententiam dicere ferre liceto, qui.... quive judicio
publico Romæ — condemnatus est erit, quocirca eum in Italia esse non liceat,
neque in integrum restitutus est erit. »

Nul n'ignore que l'exilé perdait le droit de cité et par suite l'aptitude aux honneurs et aux magistratures ; la loi municipale portait que l'individu condamné *judicio publico* à l'exil de l'Italie n'était éligible qu'autant qu'il avait été *in integrum restitutus*.

Ce document nous apprend l'usage de réintégrer les citoyens dans la capacité qu'une condamnation criminelle leur avait fait perdre et les termes par lesquels on désignait cette réintégration : *in integrum restitutio*.

Recherchons de quelle manière s'accordait la *restitutio in integrum*. Nous n'avons aucun document direct qui le dise, mais nous pouvons le déduire de l'histoire.

Accusé par le tribun du peuple Lucius Apuleius (suivant la chronologie usitée, an 364 de Rome), Furius Camille, voyant sa condamnation inévitable, s'exila volontairement et se refugia à Ardée.

La guerre avec la Gaule éclata : les Romains furent vaincus sur l'Alia ; les survivants du désastre se réfugièrent à Véïes ; ceux qui formaient l'aile droite à Rome se retirèrent dans la forteresse où les Gaulois vinrent les assiéger après avoir pris et saccagé la ville et fait un grand massacre de citoyens.

A Véïes s'étaient non seulement réfugiés les Romains dispersés dans la route et ceux qui avaient échappé au carnage dont Rome venait d'être le théâtre, mais aussi beaucoup de volontaires latins.

L'augmentation des forces stimula le courage, et l'idée vint de prendre pour chef Camille, le vainqueur de Véïes, le libérateur de Rome ; mais Camille était en exil à Ardée, privé des droits de cité et incapable de magistrature. Il fallait lever légalement un tel obstacle. Un jeune homme courageux, Pontius Cominius, essaya et réussit dans l'audacieux projet de s'introduire dans le Capitole et de rapporter, à Véïes, le décret du Sénat.

Pour le reste du récit il vaut mieux transcrire les paroles mêmes de Tite-Live : « Accepto inde Senatus decreto, *ut et comitiis* curiatis revocatus de exilio, *jussu populi Camillus dictator extemplo diceretur, milites que haberent imperatorem quem vellent*, degressus nuntius Vejos contendit ; missique Ardeam legati ad Camillum, Vejos eum perduxere ; seu (quod magis libet, non prius profectum ab Ardea, quam comperit legem latam ; quod nec injussu populi mutari finibus possit, nec nisi dictator dictus, auspicia in exercitu habere) lex curiata lata est, dictator que absens dictus. »

Camille arriva avec l'armée précisément quánd les Romains eurent senti le *væ victis* de Brennus. Il délivra Rome avec le fer.

Les anciennes constitutions, celle de Rome en particulier, n'ont pas établi comme les modernes la séparation du pouvoir judiciaire et du pouvoir législatif. Les sentences capitales devaient être rendues par les comices. De ce qui s'est passé pour Camille, il s'ensuit évidemment que le peuple convoqué dans les comices à la suite du décret du sénat, effaça la peine de l'exil et restituant ainsi à l'illustre citoyen le droit de cité et par suite l'aptitude aux magistratures, le nomma dictateur.

L'histoire de l'exil et du rappel de Cicéron vers la fin de la République, dix ans avant la bataille de Pharsale, présente sur ce point de plus grandes particularités.

Poursuivi et accusé par Clodius, abandonné par Pompée, sur le conseil d'amis qui plus tard se rétractèrent, Cicéron prit la route de l'exil : pendant sa contumace, on le déclara interdit *aquà et igni;* ses biens furent confisqués, ses maisons pillées, incendiées, démolies ; celle qu'il possédait à Rome fut consacrée à la religion et un temple y fut érigé.

Un an ne s'était pas écoulé qu'on eut la pensée de rendre le grand homme à sa patrie. Afin de rencontrer moins d'obstacles on eut d'abord l'idée de proposer la restitution des droits de citoyen et du grade, sans parler des biens, en réservant la demande pour un temps plus opportun. Mais ensuite on demanda la pleine restitution.

On commença d'abord, comme c'était la règle, par proposer l'affaire au Sénat. L. Cotta, le premier, émit l'avis que du moment que ce qui avait été fait contre Cicéron était nul, il suffisait de l'autorité du sénat pour qu'il rentrât. Pompée fut de la même opinion ; mais il ajouta que, pour prévenir le désordre, et pour la sécurité de Cicéron, il serait peut-être utile que *ad senatus auctoritatem, populi quoque romani beneficium adjungeretur.* La proposition faite, le peuple accorda la pleine restitution.

D'après ce qui a été dit jusqu'à présent, il reste acquis que le peuple, réuni dans les comices, remettait la peine et réintégrait les citoyens dans les droits perdus; ce que l'on appelait *restituere.* La remise de la peine emportait le droit de pleine restitution. Nous avons vu que pour Cicéron on pensait d'abord ne point demander la restitution des biens tout en réservant ce point pour un temps meilleur. Il y avait donc la pleine restitution, *in integrum restitutio,* et celle qui n'était pas pleine, mais qui pouvait par la suite être étendue.

La *restitutio* émanant du peuple dans les comices, on avait l'opinion publique en faveur du condamné. Je ne dis pas, finalement, que la restitution fut toujours accordée à des citoyens illustres et méritants comme Camille et Cicéron, mais tous ceux qui l'obtenaient avaient pour eux la majorité du sénat et du peuple; l'opinion publique leur était sur ce point favorable. Il n'en était pas ainsi dans la période suivante.

2° *Droit romain sous les Empereurs.* — Le despotisme et les assemblées du peuple délibérant ne purent coexister. A peine César s'était-il rendu maître du pouvoir que l'importance des comices diminua; Octave continua l'œuvre et Tibère frappa un coup, je ne dirai pas plus hardi, tout pouvait se faire, mais plus fort encore, substituant le sénat aux comices populaires. On dit que Caligula eut d'abord des velléités libérales, mais il en revint vite. Les comices cessèrent, puis, à la longue, le sénat finit par perdre aussi toute importance et finalement on en vint à un principe certain : « Quod principi placuit, legis habet vigorem... quodcumque igitur imperator per espistolam, et subscriptionem statuit, vel cognoscens decrevit, vel de plano interlocutus est, vel edicto, præcepit *legem esse constat*.

Pour la *restitutio* des condamnés comme pour tout, les attributions des comices passèrent au sénat, puis aux mains de l'empereur.

Nous trouvons au Digeste un texte précis qui parle de la *restitutio* accordée par le sénat.

L'édit du Préteur établissait à quelles personnes il était prohibé, soit absolument, soit sous certaines conditions de postuler. Parmi ces personnes il y avait ceux qui avaient été condamnés pour certains délits.

L'édit contenait la clause suivante : « Qui ex his omnibus, qui suprà scripti sunt, *in integrum restitutus* non erit, pro alio ne postulet, præterquam... » Ulpien ajoute le commentaire suivant : « De qua *restitutione* prætor loquitur, utrum de ea, quæ a principe, vel a *senatu*, Pomponius quærit et putat de ea *restitutione* sensum, quam princeps, vel *senatus* indulsit. » Et il ajoute : « An autem et prætor *restituere* possit, quœritur : et mihii videtur talia prætorum decreta non esse servanda : nisi sicubi *ex officio jurisdictionis suæ subvenerunt :* ut in ætate observatur, si quis deceptus sit ; cæterisque speciebus, quas sub titulo de in integrum restitutione exequemur. »

De ces paroles d'Ulpien, il ressort que la restitution des condamnés avait les mêmes effets, soit qu'elle émanât du sénat (*indulsit*), soit du prince. Celle qu'avait accordée le préteur n'avait d'effet qu'en cas de *revision* de la condamnation, quand le préteur procédait non pas en vertu du droit de grâce, qu'il n'avait pas, mais *ex officio jurisdictionis*.

Avec le temps l'absolutisme se raffermit. Pour la *restitutio* des condamnés, l'intervention du sénat disparut peu à peu et la volonté de l'empereur devint souveraine et absolue.

Sous les empereurs, les réhabilitations furent certainement très fréquentes, soit parce que les condamnations pour délits politiques étaient loin d'être rares dans une société corrompue et sous un despotisme féroce, soit parce que la restitution ne dépendait plus de l'opinion publique mais de la volonté d'un seul.

Ceux qui étaient les organes de ses faveurs et souvent les solliciteurs n'avaient aucune responsabilité.

Les principes adoptés furent les suivants :

La *restitutio* n'était que *gratia*, *indulgentia*, laquelle ne produisait pas toujours le même effet de restituer le condamné dans l'état qu'il avait avant la condamnation. En principe, on n'accordait que la remise de la peine : tantôt c'était une entière réintégration, *restitutio in integrum*, tantôt, sans être entière, c'était une restitution plus ou moins étendue.

La plus ou moins grande étendue de la *restitutio* résultait des mots dont on s'était servi pour l'exprimer.

Antonin dit au déporté Julianus Licinianus : « *Restituo te in integrum* provinciæ tuæ », et il ajoute « ut autem scias, quid sit *in integrum restituere*, honoribus et ordini tuo et omnibus cæteris te restituo. »

Constantin décide que « indulgentiæ restitutio bonorum et dignitatis uno nomine amissorum fît *restitutio* » et que par suite elle comprenait la restitution de la puissance paternelle.

Il y a, au Digeste, beaucoup d'exemples de la restitution simple et de celles qui rendaient les biens et certains autres droits, mais elles ne sont pas entières, *in integrum*. Il est dit expressément que la réabilitation, d'abord simple ou limitée, peut ensuite être étendue par une nouvelle grâce.

Ainsi, au temps des empereurs on conserva et la dénomination (*restitutio*) et l'ancien système en tant qu'il accordait la remise de la peine et la réintégration dans les droits perdus. Mais, entre les deux périodes, il y a cette différence que dans la seconde on n'avait plus recours à l'assentiment du peuple réuni dans les comices, mais à la volonté absolue de l'empereur, qui était présumé accorder non seulement la jouissance légale des droits, mais aussi *præcedentem dignitatem, integram atque illibatam extimationem..*

3° *Système adopté chez les divers peuples de l'Europe.* — En Angleterre, le roi a droit de grâce, mais quand la grâce intervient après la condamnation, le parlement seul peut réhabiliter le condamné, et la réhabilitation peut être demandée après qu'on a obtenu le pardon. Si un condamné n'a pas la grâce du roi, le fils né depuis lui succède, mais pas celui qu'il avait avant sa condamnation.

Dans les autres États de l'Europe, on adopta le système du droit impérial des Romains, et le même système est admis en droit canonique, en ce qui touche les irrégularités. Voici deux exemples :

La révolution survenue à Naples sous le vice-roi D. Pierre de Tolède, dans le but d'introduire l'inquisition, est connue. Nous avons l'amnistie du vice-roi du 10 juin 1549 confirmée par Charles V, le 12 mars 1550, dans laquelle on lit notamment : « On accorde le pardon et l'oubli à tout le monde... lesquels nous rendons *à l'honneur, à la bonne renommée, aux dignités et aux biens* mobiliers, immobiliers, bourgeois et féodaux. »

L'ordonnance française de 1770, au titre XVI, art. 5, parmi les autres espèces de grâce, cite les lettres de réhabilitation du condamné en *ses biens et bonne renommée.* Dans l'article 7 on lit ce qui suit : « Enjoignons à nos juges, même à nos cours, d'entériner les lettres... et de réhabilitation qui leur seront adressées, sans examiner si elles sont conformes aux charges et informations : sauf à nous représenter par nos cours ce qu'elles jugeront à propos. »

De cette disposition il résulte clairement qu'en France, on avait l'habitude d'accorder la réhabilitation postérieurement et séparément de la grâce de la peine corporelle ; mais elle n'était qu'une grâce qu'accordait le chef souverain de l'État, et la magistrature n'y prenait qu'une part purement passive. C'était, comme je l'ai dit plus haut, le même système qu'à Rome au temps des empereurs.

4° *Système introduit par le code pénal français de 1791.* — Le code pénal du 25 septembre 1791 (part. I, tit. vii, art. 13) abolit le droit de grâce et les lettres de réhabilitation. Mais on ne voulut pas abolir la réhabilitation, comme conséquence et comme récompense de la conduite louable observée par le condamné depuis l'expiration de sa peine. De là vinrent de nouvelles règles relatives aux conditions nécessaires pour pouvoir demander la réhabilitation, au pouvoir qui l'accordait, aux formalités à remplir et aux effets que la réhabilitation devait produire.

Quant aux conditions, il fut établi que, pour demander la réhabilitation, il fallait non seulement que la peine fût subie, mais, de plus, qu'il se fût écoulé dix années depuis la libération. Pour les condamnés seulement à la dégradation civique ou au carcan les dix années devaient être comptées depuis la condamnation. On exigea, en outre, que le condamné fût domicilié dans la même commune au moins pendant les deux dernières années qui avaient précédé la demande. Enfin, et ceci est important, que le condamné eût observé durant les dix années une conduite exempte de reproches.

Le pouvoir d'accorder la réhabilitation fut conféré au conseil municipal du dernier domicile du condamné. Le pouvoir exécutif fut exclu, du moment que le droit de grâce était aboli, comme nous l'avons dit, et qu'on ne considérait pas la réhabilitation comme une grâce. On crut inopportune l'intervention du pouvoir législatif dans une matière qui regardait non la création d'une disposition nouvelle et générale, mais l'application à un individu de la loi existante. On laissa au pouvoir judiciaire le même rôle purement passif qu'il avait eu par le passé.

Les formalités exigées étaient les suivantes :

Celui qui voulait obtenir la réhabilitation en adressait la demande au conseil municipal de son domicile actuel. A la demande on devait joindre les certificats de bonne conduite délivrés par les municipalités des divers domiciles qu'on avait eus avant le dernier. Ces certificats devaient être délivrés à l'époque de l'abandon de ces divers domiciles.

Huit jours, au plus tard, après la présentation de la demande, on devait convoquer le conseil municipal, pour que chaque conseiller en prît connaissance et pût s'éclairer sur la conduite de celui qui avait fait la demande.

Un mois après, le conseil était convoqué de nouveau pour décider au scrutin et à la majorité des voix si la demande devait ou non être admise.

En cas d'une résolution négative, on ne pouvait renouveler la demande qu'après un délai de deux années et ainsi de suite, toujours après un intervalle de deux années.

Quand la majorité se prononçait favorablement, on délivrait l'attestation de bonne conduite, et deux des magistrats municipaux, munis de leurs insignes, conduisaient le demandeur devant le tribunal criminel du département. Là on lisait d'abord le jugement de condamnation, puis les magistrats municipaux disaient à haute voix : « N. N. a expié sa faute en satisfaisant à la peine ; aujourd'hui, sa conduite est irréprochable ; nous demandons au nom de son pays que la tache de sa faute soit effacée. »

Le président du tribunal, sans délibération, prononçait les paroles suivantes : « Sur l'attestation et la demande de votre pays, la loi et le tribunal effacent la tache de votre faute. »

On dressait du tout un procès-verbal qu'on devait transcrire en marge du jugement de condamnation, et pour cela si le tribunal qui l'avait prononcé était différent, une expédition devait lui être expédiée.

Les deux magistrats municipaux pouvaient être remplacés, par procuration, par ceux de la commune de la résidence du tribunal.

La réhabilitation avait pour conséquences de faire ceser toutes les incapacités produites par la condamnation. Mais l'exercice des droits de citoyen actif ne pouvait commencer pour le réhabilité que du jour où il avait satisfait aux dommages-intérêts et à toute autre condamnation pécuniaire.

5° *Système en vigueur.* — Sous le Consulat, l'art. 86 du sénatus-consulte du 16 thermidor an X, conféra le droit de grâce au chef de l'Etat. L'Empire survint et au mois d'août de l'année 1808 on discuta le projet de code d'instruction criminelle.

Les auteurs du projet conservèrent la distinction de la grâce et de la réhabilitation. Ils voulurent conserver les attributions que le code de 1791 conférait au conseil municipal, mais ils laissèrent quelque chose à l'autorité judiciaire, notamment l'examen de la légalité et de la valeur des pièces, et ils proposèrent que la réhabilitation ne produisit d'effet que du jour de la ratification par décision impériale. On proposa d'autres changements au code de 1791, mais d'une importance beaucoup moindre que les précédents et qu'il me semble inutile de mentionner.

Ce système avait un grave défaut : ses parties n'étaient pas en harmonie entre elles ; mais il ne fut pas combattu pour ce motif. C'est l'institution qu'on combattait. On serait tenté de croire que ce ne fut là qu'une manœuvre quand on pense que, refait, le projet fut admis sans opposition.

La nouvelle rédaction du projet qui passa dans le code (liv. II, tit. vii, chap. 4) décide : Que les conseils municipaux n'ont d'autre pouvoir que de délivrer les attestations de bonne conduite ; — Que l'autorité judiciaire doit émettre un simple avis ; — Que la réhabilitation est accordée par l'empereur. Tel est le système qui, avec de légères différences, a passé dans le code italien du 20 novembre 1859, qui a remplacé le code piémontais de 1847 et, pour les provinces napolitaine et sicilienne, la partie IV du code de 1819.

III. — Commentaire des dispositions du code italien sur la réhabilitation
des condamnés.

1° *Conditions nécessaires pour pouvoir obtenir la réhabilitation.* — Il me semble utile de rapporter d'abord les articles du code de procédure pénale dans lesquels sont indiquées les conditions nécessaires pour qu'un condamné puisse obtenir sa réhabilitation. Je ferai ensuite les observations qu'il convient.

Art. 813. « Tout condamné à une peine emportant l'interdiction des droits mentionnés dans les art. 19, 25, 39 du code pénal, qui aura subi sa peine ou qui aura obtenu un décret royal d'amnistie, de commutation ou de grâce, pourra être réhabilité.

» Le condamné à la seule interdiction des fonctions publiques pourra aussi être réhabilité. »

Art. 814. « La demande en réhabilitation ne pourra être formée par le condamné aux travaux forcés à temps, à la réclusion ou au bannissement, que cinq années après qu'il aura subi sa peine, et par le condamné à la seule interdiction des fonctions publiques que cinq années à partir du jour où la condamnation sera devenue irrévocable.

» En cas de commutation, la demande de réhabilitation ne pourra être formée que cinq années après l'exécution de la nouvelle peine, en cas de grâce cinq années après le décret. »

Art. 816. « Aucun condamné ne sera admis à demander sa réhabilitation s'il n'est demeuré pendant les cinq années dans les États du roi et s'il n'a eu le même domicile pendant les deux dernières années dans la même commune. Le condamné devra joindre à sa demande les attestations de bonne conduite délivrées par les administrations des communes dans le territoire desquelles il a eu sa résidence ou son domicile pendant le temps qui a précédé la demande.

» En cas de changement de domicile ou de résidence, les attestations de bonne conduite ne pourront être délivrées qu'au moment où on abandonne une commune pour aller dans une autre.

» Les attestations devront être approuvées par les juges de mandement des lieux où on aura demeuré ou résidé. »

Art. 824. « Le condamné récidiviste ne peut demander à être réhabilité.

» En cas de nouvelle condamnation d'un réhabilité, la demande ne pourra plus être admise. »

Art. 826. « Les dispositions contenues dans le présent titre sont également applicables au cas où le requérant aurait été condamné à une peine portant, par une disposition spéciale de la loi, l'exclusion du condamné de l'exercice des droits politiques d'éligibilité et d'électeur dans les comices pour les administrations communales. »

De ces articles découlent les conditions nécessaires à la réhabilitation ; il faut : 1º Qu'il s'agisse d'un individu frappé d'interdiction à la suite d'une condamnation criminelle qui aurait légalement cessé d'être soumis à la peine ; — 2º Que le temps d'épreuve établi par la loi soit passé ; — 3º Que, durant ce temps, le demandeur en réhabilitation ait été domicilié dans le royaume et de plus dans la même commune depuis les deux dernières années ; — 4º Que pendant le temps qui a précédé la demande il ait observé une bonne conduite, et que la justification en soit rapportée suivant les modes établis par la loi.

Le seul objet que vise la loi, c'est que la réhabilitation ne s'accorde qu'à celui qui s'en est montré digne par une conduite réellement louable et bien prouvée, et non à celui qui n'aurait eu une telle conduite que d'après une apparence hypocrite et passagère.

Celui dont la condamnation a été annulée par la cour de cassation, n'est point frappé d'interdiction et par suite n'a pas besoin d'être réhabilité, excepté cependant dans le cas où, dans le nouveau jugement, il viendrait à être de nouveau et irrévocablement condamné à une peine emportant interdiction. La réhabilitation devient également inutile à celui qui a bénéficié de l'extinction de l'action préalable et à celui dont la condamnation a été annulée par un jugement de revision. (Art. 671 et suiv. c. proc. pénale.)

La loi française du 3 juillet 1852 étend le bénéfice de la réhabilitation aux condamnés à la surveillance de la haute police, comme peine principale, et aux condamnés à l'interdiction correctionnelle.

En Italie, la *surveillance spéciale de la sécurité publique* n'est plus une peine principale, mais seulement accessoire, et sa durée pour les condamnés pour crime ne peut excéder dix années. (Art. 38, 44 à 46, code pénal.)

On ne devrait pas, par suite, retrouver dans son code de procédure la disposition du code français. L'article 49 examine la question de savoir si la réhabilitation efface la surveillance qui n'aurait pas encore pris fin.

Quant aux peines correctionnelles, le code italien n'établit pas d'interdiction, mais seulement une suspension (art. 31 et 41), et puisque l'art. 813 ci-dessus rapporté parle de l'individu frappé d'interdiction à la suite d'une condamnation criminelle, il est évident que la réhabilitation n'a pas lieu pour de telles suspensions.

On trouve une exception dans l'art. 826, transcrit plus haut, lequel évidemment se rapporte à l'art. 193 du code pénal : l'art. 825 permet, en termes exprès, la réhabilitation, bien qu'il ne s'agisse que de suspension temporaire non seulement de l'exercice des fonctions publiques mais seulement des droits électoraux dans les comices pour l'administration communale. J'ai dit *suspension*, bien que, tant dans l'art. 193 du code pénal que dans l'art. 826 du code de procédure, on lise le mot *exclusion*, parce que l'*exclusion* à temps n'est qu'une *suspension*. Il est évident que c'est dans ce sens que cette expression est prise, car l'art. 31 du code pénal parlant de la *suspension de l'exercice des fonctions publiques* ajoute *sous le bénéfice* de la disposition spéciale de l'art. 193, ce qui veut dire que dans l'art. 193, on parle d'une peine de la même nature que celle que définit l'art. 31, à savoir, de la *suspension*.

Comme pour le cas de l'article 193, il semble qu'une disposition semblable aurait été opportune pour le délit prévu par l'article 311 qui édicte la peine de la *suspension de l'exercice des fonctions publiques* pour un temps qui peut excéder quinze années.

Mais on peut se poser une question assez grave eu égard aux principes auxquels elle se réfère, et se demander si, pour la suspension dont nous parlons (art. 31 et 41 cod. pén.), il n'y a pas lieu à réhabilitation, il peut y avoir lieu à grâce.

Le droit de grâce appartient au roi, mais en invoquant ce droit, cette prérogative de la couronne, on ne résout pas la question posée, il faut pour cela déterminer le champ respectif d'application de la grâce et de la réhabilitation.

L'art. 136 du code de procédure décide expressément que par la grâce le condamné ne rentre pas dans les droits et ne reconquiert pas la capacité que la condamnation lui a fait perdre. Il me paraît évident, par suite, que la grâce n'a trait qu'aux peines corporelles et pécuniaires. Je déduis de là que les simples suspensions de droit ne peuvent cesser par la grâce, et du moment que la réhabilitation n'est pas permise, il s'ensuit qu'il est nécessaire que la peine appliquée produise son effet pour le temps établi dans le jugement. Assurément, quand on réfléchit à la courte durée de ses suspensions (art. 41, 49 cod. pén.), on voit qu'il serait étrange de vouloir leur appliquer les règles de la réhabilitation.

On s'est demandé si celui qui a prescrit la peine peut demander la réhabilitation. La cour de cassation de Paris se prononce pour la négative [1], ainsi le pense aussi Carnot. Quand on considère que la loi exige que la peine soit *exécutée*, on peut décider autrement, bien que je pense, comme je le dirai dans le chapitre suivant, que la loi devrait décider le contraire. Tant que la loi restera telle qu'elle est, il faut la suivre. On interprète la loi obscure, on supplée par les principes généraux du droit au silence et aux imperfections de la loi, mais sous prétexte d'équité ou d'autres motifs, il n'est pas permis de violer la loi dont le sens est clair, si on ne veut pas favoriser l'omnipotence des tribunaux, genre de despotisme des plus graves parce qu'il toucherait aux faits accomplis [2].

En vertu des lois de procédure pénale de 1819 la réhabilitation ne pouvait être obtenue que par les condamnés à une peine temporaire (art. 623). Le code en vigueur ne contient pas une semblable limitation et par suite un condamné à une peine perpétuelle, qui a obtenu la remise de la peine ou tout au moins une commutation à une peine temporaire pourrait obtenir la réhabilitation avec le concours des autres conditions. On peut par suite se demander si un condamné à l'ergastule sous les lois abolies, qui a obtenu remise ou commutation de peine, pourrait demander maintenant à être réhabilité. — Dans une future réforme du code en vigueur, les conditions aujourd'hui requises pourraient devenir différentes, c'est-à-dire ou plus douces ou plus rigoureuses, et la même question pourrait se présenter sous divers aspects. Il est donc nécessaire de l'examiner.

D'une manière générale, la question peut se poser ainsi : quand la condamnation a eu lieu sous l'empire d'une loi et que la réhabilitation est

1. Aff. Pérot, 5 avril 1853.
2. Dans ce sens rien de plus vrai que les paroles suivantes de Julien et de Neratius : « Non omnium, quæ a majoribus constituta sunt, ratio reddi potest. — Et ideo rationes eorum, quæ constituuntur, inquiri non oportat, alioquin multa ex his quæ certa sunt subvertuntur. L. 20, 21 ; Dig., de leg. 1, 3.

demandée sous une loi nouvelle, suivant laquelle des deux lois se règlent les conditions nécessaires pour obtenir la réhabilitation?

Les effets d'une condamnation sont, indubitablement, ceux qu'établit la loi appliquée[1] ; mais la réhabilitation n'est pas un effet de la condamnation, c'est un acte juridique, tout à fait distinct de la condamnation et tendant à faire cesser les incapacités qui en sont résultées. Ces considérations me portent à croire que les conditions nécessaires pour obtenir la réhabilitation doivent être régies par la loi en vigueur à l'époque où a été faite la demande sans distinguer si cette loi est plus douce ou plus rigoureuse.

Il ne serait pas juste de dire que, dans un tel cas, la loi nouvelle a un effet rétroactif, puisque la loi nouvelle a un effet rétroactif quand elle enlève un droit acquis, mais celui qui est condamné n'acquiert pas alors le droit d'être réhabilité, il peut seulement former le louable projet de s'en rendre digne en satisfaisant aux conditions de la loi et ceci n'est certainement pas un droit qui se trouverait lésé par la nouvelle loi qui prescrirait des conditions plus sévères.

Je n'irai pas assurément jusqu'à critiquer une loi qui, en soumettant la réhabilitation à des conditions plus sévères, disposerait que la loi abrogée deviendrait applicable à ceux qui auraient été condamnés quand elle était en vigueur, mais en l'absence d'une telle disposition expresse, et dans la rigueur des principes, on doit appliquer la loi en vigueur à l'époque de la demande.

Avant de terminer cette section, il convient de dire quelques mots sur la réhabilitation des récidivistes.

Dans le projet du code d'instruction criminelle français on disait que la récidive faisait cesser les effets de la réhabilitation obtenue. Sur les observations de Berlier on changea la rédaction et on décida que le récidiviste ne pourrait pas obtenir la réhabilitation. Cette prohibition est conservée dans la loi de 1852.

Les lois abrogées de *procédure pénale* (art. 634) avaient permis la réhabilitation du récidiviste, mais le temps d'épreuve, dans ce cas, était le triple de celui qu'on exigeait pour les condamnés non récidivistes.

Le code piémontais de 1847 et le code italien en vigueur exigent un temps double, mais ils contiennent une disposition nouvelle : à savoir que celui qui a été une fois réhabilité et qui a de nouveau été condamné, ne peut plus être réhabilité. Le sens de l'expression *nouvelle condamnation* est bien clair, il s'agit d'une condamnation à une peine emportant interdiction, rendant par là possible la réhabilitation. Le motif de cette disposition est évident. La réhabilitation doit être un acte sérieux ; pour qu'elle soit juste et utile, et pour qu'elle soit sérieuse, elle ne doit être accordée que dans le cas d'un réel amendement du condamné. Comment avoir confiance dans l'amendement de celui qui une fois s'est montré amendé, qui a paru obser-

---

1. Je dis *la loi appliquée* et non *la loi en vigueur à l'époque de la condamnation* ; la première est plus générale et comprend le cas prévu par l'article 3, 1°, du code pénal.

ver une bonne conduite grâce à quoi il a obtenu la réhabilitation, et puis qui est retombé dans la faute? Si bien que quelquefois on peut dire qu'il a été plus malheureux que coupable, mais les cas spéciaux et exceptionnels ne peuvent pas servir de règle dans la formation des lois; les lois ne doivent statuer que sur ce qui arrive le plus fréquemment et protéger l'intérêt général qui exige qu'on n'abuse pas de la réhabilitation.

Mais qu'entend-on par récidiviste dans l'art. 824 du code de procédure pénale? Prendra-t-on ce mot dans le sens large que lui donne l'art. 118 du code pénal, c'est-à-dire de tout condamné pour crime ou délit qui commet un autre crime ou délit?

La solution affirmative de cette question comporterait que l'interdit, pour obtenir la réhabilitation, aurait besoin d'un double délai, seulement, parce qu'il a commis un délit, ce qui peut paraître et ce qui est dans beaucoup de cas d'une excessive sévérité. Giuriati, à cause de cela, est d'avis que le mot récidiviste doit s'entendre dans le sens strict de celui qui a encouru deux condamnations emportant, les deux, interdiction, condamnations dont il est parlé dans l'art. 813.

Dans une réforme du code, il serait bon de corriger ce qu'a de trop rigoureux l'article que nous examinons, mais tant qu'il restera rédigé comme il l'est aujourd'hui, on ne peut donner au mot récidiviste un sens différent de celui qui découle de la définition contenue dans l'art. 118 du code pénal.

2° *Qui accorde la réhabilitation?* — La réhabilitation est accordée par le roi. On lit, en effet, dans l'art. 8 du statut constitutionnel du 4 mars 1848 qui régit aujourd'hui tout le royaume d'Italie : « Le roi peut faire grâce et commuer les peines. » Mais le statut ne parle pas expressément du pouvoir d'accorder la réhabilitation, il s'ensuit que si par hasard on alléguait que la réhabilitation est une grâce, la disposition de l'article 828 du code de procédure pénale indiquerait une prérogative de la couronne reconnue et garantie par la constitution. Mais la *réhabilitation* et la *grâce* sont deux institutions différentes, le droit constitutionnel est étranger au système qu'a adopté le code de procédure pénale.

La question n'est pas nouvelle, mais elle n'a pas été examinée jusqu'à présent, que je sache, avec les développements qu'elle mérite. J'expose sur ce point mes propres idées, raisonnant d'après les lois actuellement en vigueur; je dirai plus loin ce qui, à mon avis, devrait être décidé quand on procédera à la rédaction d'un nouveau code de procédure pénale.

J'ai dit que la question posée n'est pas nouvelle. Giuriati, dans le commentaire du code de procédure piémontais de 1847 (art. 788), dit que la réhabilitation n'est pas confondue avec la grâce, et que, en conséquence, l'intervention du roi dans la réhabilitation n'est pas l'exercice du droit de grâce. Le savant écrivain a persisté dans son avis dans la nouvelle édition de son ouvrage appliquée au code actuel de 1859.

Meledandri, dans son traité *Des effets des condamnations pénales*[1], bien qu'il écrivit sous l'empire des lois de procédure pénale de 1819, qui dans l'art. 633 appellent expressément la réhabilitation une grâce, distingue les *restitutions* en deux classes, les restitutions gracieuses et les restitutions légales (*ex gratia* et *ex justitia*) et comprend parmi ces dernières la réhabitation.

En France, M. Humbert a adopté un système entièrement semblable[2].

Tel est aussi mon avis.

Sans aucun doute, avant le code pénal de 1871, la *restitutio* ou réhabilitation n'était pas distincte de la grâce, mais ce code les distingue si bien que, la grâce abolie, il conserve et réglemente la réhabilitation comme institution juridique.

Ce nouveau système fut altéré dans le projet et surtout dans la rédaction définitive du code de 1808, mais les deux institutions, la grâce et la réhabilitation, restèrent distinctes et séparées. Le code parla de celle-ci, sans rien dire de l'autre que réglait déjà le senatus-consulte du 16 thermidor an X (tit. XVIII, XIX ; liv. 3).

Dans le code napolitain de 1819, bien qu'on donne à la réhabilitation le nom de grâce, les deux institutions furent considérées comme distinctes et on en parla séparément.

Le code piémontais de procédure pénale de 1847 contient aussi, dans le livre troisième, deux titres : l'un relatif aux grâces et aux amnisties, l'autre aux réhabilitations des condamnés ; et dans aucun des articles qui le composent, on ne trouve la dénomination de grâce. Quand donc, dans la constitution de 1848, on lit l'art. 8 : « le roi peut faire grâce et commuer les peines », on ne peut entendre une telle disposition que comme ne visant que la vraie grâce, dans le sens du code, alors en vigueur, et non la réhabilitation.

Vinrent ensuite les codes pénal et de procédure pénale de 1859 ; dans ce dernier, on conserva la distinction de la grâce et de la réhabilitation et il en est parlé dans deux titres différents (XI, XII, liv. 3) avec des règles très différentes ; dans le code pénal (art. 136) on eut soin de déclarer que l'amnistie et la grâce ne restituent pas les capacités perdues à la suite d'une condamnation, mais qu'il faudra pour cela la réhabilitation.

De là il résulte clairement pour moi que le pouvoir du roi d'accorder la réhabilitation est différent et distinct du droit de grâce et que, par suite, il ne découle pas du droit constitutionnel, mais uniquement du code de procédure.

Mais, à l'appui de l'opinion que j'ai adoptée, il y a des observations plus graves et décisives.

Celui qui demande la grâce doit faire une *supplique* (art. 805 du code de proc. pén.), qui est *adressée* au roi et est *présentée* au ministre de grâce et de

---

1. Naples, 1855, ch. IV, sect. 1, § 2.
2. *Des conséquences des condamnations pénales*, § 401 ; Paris, 1855.

justice. Pour la réhabilitation, on fait, au contraire, une *demande* qu'on présente à l'*autorité judiciaire* compétente à raison du domicile (art 817 cod. de procéd. pén.).

Tout condamné peut faire une supplique en grâce en ayant recours à la *clémence* du roi; mais pour qu'on puisse demander la réhabilitation, il faut avoir satisfait aux conditions de la loi, ce qui prouve qu'on exerce par là un *droit* et qu'on demande justice.

Aucun gouvernement sage et qui se respecte n'accordera la grâce et l'amnistie sans de justes motifs, mais ces motifs peuvent être de différent genre, non prévus ni déterminés par la loi. Pour la réhabilitation, au contraire, la loi a établi les conditions nécessaires dont on doit rapporter la preuve en la forme légale.

Pour la grâce, il n'est pas établi de concours d'aucune autorité ni de forme de procédure; il en est différemment pour la réhabilitation; si bien que quand l'autorité judiciaire compétente juge qu'il n'y a pas lieu à réhabilitation, on ne passe pas outre, on ne fait pas de proposition au roi (art. 821).

Donc la réhabilitation et la grâce forment aujourd'hui et formaient, suivant le code de 1847 antérieur au statut, deux institutions tout à fait distinctes avec des règles et des dénominations différentes : la grâce de sa nature gracieuse, la réhabilitation, institution de justice.

Mais si ce n'est pas en vertu du droit de grâce, pour quel motif le code de procédure a-t-il prescrit l'intervention du roi dans la réhabilitation?

Je crois qu'une telle intervention est imprudemment exigée. Il est toutefois facile de comprendre qu'un tel système ait été adopté par le code d'instruction criminelle de 1808; la tendance du gouvernement impérial à un pouvoir absolu, le souvenir des institutions de l'ancienne monarchie l'expliquent suffisamment. Du code français le même système est passé dans les codes napolitains de 1819 et piémontais de 1847, dans les codes d'une époque où régnait un gouvernement absolu. L'erreur a été commise dans le code de 1859, peut-être à cause de la rapidité avec laquelle il a été rédigé, mais quelque jour il sera corrigé.

Le code de 1847 (art. 708) établissait que le renvoi d'une cause d'un magistrat à un autre pour raison de sécurité publique ou de suspicion légitime ne pouvait avoir lieu que par bonté souveraine. Il n'en est pas ainsi dans le code de 1859; l'intervention inopportune du roi est abolie, la revision est ordonnée par la cour de cassation (art. 760). Voilà un exemple louable de réforme qui respecte mieux les principes rationnels de la royauté et les institutions constitutionnelles et, en même temps, affranchit la couronne d'une intervention qui ne peut lui être utile. D'un tel exemple on peut sûrement augurer que les dispositions de l'art. 25 (code de 1847, art. 23) et celles des art. 822, 823 relatives à la réhabilitation seront, à leur heure, aussi corrigées.

3° *Procédure de la réhabilitation.*—La procédure établie par le code de procédure pénale en vigueur est à peu de choses près la même que celle qui est adoptée en France et qui furent imitées par les lois de procédure pénale napolitaines de 1819 et par le code piémontais de 1847, aujourd'hui abrogés. Voici le texte des articles :

Art. 817. « La demande de réhabilitation, les attestations sus-mentionnées et l'expédition du jugement de condamnation seront remis au greffe de la cour dans le ressort de laquelle réside le condamné. Le greffier la présentera, sans retard, avec les pièces annexées, au président de la section d'accusation, qui nommera un rapporteur et ordonnera que les pièces soient communiquées au procureur général. »

Ordinairement la réhabilitation est demandée par un condamné à une peine criminelle ; il s'ensuit clairement que la section d'accusation de la cour d'appel doit connaître de la demande. Mais dans une section de ce chapitre on a rapporté l'art. 826 qui admet la réhabilitation en cas de condamnation correctionnelle ; de là les dispositions suivantes :

Art. 826 alinéa. « Dans ce cas, la demande de réhabilitation sera présentée à la cour d'appel (section d'accusation) dans le ressort de laquelle résidera le condamné quand même la condamnation eut été prononcée par un tribunal d'arrondissement. »

Art. 818. « La notice de la demande de réhabilitation, présentée à la cour, sera inscrite à la diligence du requérant dans la feuille officielle du lieu de la résidence de la cour indiquée dans l'art. 817 et dans celle du siège de la cour qui a prononcé la condamnation et à défaut dans le journal officiel du royaume. »

Art. 819. « Après trois mois de l'insertion dans le journal, le procureur général donnera, par écrit, ses conclusions motivées et la cause sera rapportée à la cour (section d'accusation) ».

Art. 820. « La section d'accusation sur les conclusions du procureur général donnera son avis motivé. Elle pourra ordonner et le ministère public requérir des informations en tout état de cause. Le requérant ne pourra être présent au rapport de la cause ni aux conclusions du ministère public ni à la délibération. »

Art. 821. « Si la section d'accusation est d'avis que la demande ne peut être admise, le condamné ne pourra refaire sa demande qu'après un délai de cinq années à partir du jour de la délibération. Si la demande est rejetée pour irrégularité de quelque document, les justifications requises pourront être immédiatement présentées. »

Art. 822. « Au cas où la section d'accusation serait d'avis que la demande peut être admise, son avis, avec les documents exigés par l'art. 816 sera dans le plus bref délai, par les soins du procureur général, transmis au ministre de grâce et de justice, qui en fera un rapport au roi. »

Art. 823. « Si le roi accorde la réhabilitation, le décret royal sera adressé à la cour, dont la section d'accusation aura donné l'avis, et une expédition authentique sera transmise à la cour qui a prononcé la condamnation pour être transcrite en marge de la minute du jugement. Ces cours feront, en outre, donner lecture du décret en audience publique et en ordonneront le dépôt au greffe. »

Comme on l'a vu, les art. 817 et 826 confient l'examen de la demande de réhabilitation à la section d'accusation de la cour d'appel dans le ressort de laquelle *réside le condamné*. Il est superflu de dire que ce mot *réside* s'entend du lieu de la résidence au temps où la demande est faite et non du lieu où le condamné pourrait résider depuis la réhabilitation, fait entièrement futur, auquel le condamné ne pensait pas quand il a présenté sa demande, et en admettant qu'il y pensât, il ne serait ni juste ni rationnel que la conservation de la même résidence pût devenir pour lui une obligation : la compétence est déterminée par le fait présent.

Le code en vigueur, comme ceux qui l'ont précédé, comme le code français, désigne justement, pour la demande de réhabilitation, la cour de la résidence actuelle et non celle qui a prononcé la condamnation, soit pour rendre la demande plus facile au condamné, soit parce que c'est le lieu où il est le plus connu et par conséquent où on peut le mieux apprécier sa conduite.

Mais la cour compétente, sera-ce celle du domicile actuel ou celle de la résidence quand celle-ci est différente de l'autre?

L'expression *dans le ressort de laquelle réside le condamné* est employée par l'art. 817 aussi bien que par l'alinéa de l'art. 826. On la retrouve dans l'art. 781 du code de 1847; les lois de procédure pénale de 1849 parlaient expressément du domicile (art. 826, 827); le code français d'instruction criminelle parlait de *résidence (résidera le condamné*, art. 621) de même que la loi de 1852 (art. 626 du code d'inst. crim. suivant le numérotage actuel).

La question ne s'est pas encore présentée devant les cours ; en tout cas, il eût mieux valu parler de domicile que de résidence. Si cependant la question se présentait, je serais d'opinion qu'on devrait décider suivant le texte de la loi, qui parle de résidence, d'autant plus qu'on ne peut pas dire que c'est par mégarde que les art. 817 et 826 emploient le mot *réside*, car dans le deuxième alinéa de l'art. 816 on établit une distinction entre le domicile et la résidence.

La publication de la demande par les journaux et le délai de trois mois à partir de la publication jusqu'au jour des conclusions du ministère public sont prescrits pour qu'on puisse faire des réclamations contre la demande et que la réhabilitation puisse être refusée à celui qui ne la mérite pas. Le ministère public peut prendre d'office des informations de même que la section d'accusation peut les décider, mais dans ce cas c'est au ministère public qu'il appartient de les recueillir.

Je crois qu'il n'est pas défendu au demandeur de présenter des mémoires écrits, comme cela a lieu dans les poursuites (art. 417). Du reste, je ne saurais approuver les jugements secrets, avec des informations et des dénonciations secrètes qui peuvent être cause du rejet de la demande, sans que l'intéressé en ait eu connaissance, de manière à se défendre contre des accusations calomnieuses ou exagérées.

Le jugement de la section d'accusation n'est qu'un avis quand il est favorable, puisqu'il faut un décret royal pour la réhabilitation; quand il est négatif, il équivaut à un vrai jugement, on ne passe pas outre.

C'était une sage innovation du code de 1847 que la disposition, conservée par l'alinéa de l'art. 821 du code en vigueur, suivant laquelle quand la demande est rejetée pour *irrégularité* de quelque document, on peut la représenter immédiatement. Il aurait mieux valu encore décider que, sans rejeter la demande, grâce à un débat, les justifications jugées nécessaires fussent administrées : il n'y a pas de raison pour refaire toute une procédure, avec une nouvelle insertion dans les journaux et une nouvelle perte de trois mois de temps.

Il est un cas où l'irrégularité des documents entraîne le rejet définitif de la demande, c'est lorsque l'attestation de bonne conduite n'a pas été délivrée au temps prescrit par le deuxième alinéa de l'art. 816.

On s'est posé la question de savoir si la décision de la section d'accusation est sujette à recours en cassation, et en France on a décidé la négative[1]. Je crois que, pour examiner complètement la question, il faut distinguer les deux cas qui peuvent se présenter. Si la section d'accusation a émis un avis favorable, c'est le ministère public qui pourrait vouloir se pourvoir, et sans aucun doute ce pourvoi serait inutile et illégal parce que la décision de la section d'accusation n'est pas un jugement mais un avis soumis à l'appréciation du ministre de grâce et justice, auquel le ministère public peut adresser ses observations. Je n'approuve pas le système adopté par le code, mais tel qu'il est et jusqu'à ce qu'il soit corrigé, il faut en respecter les logiques conséquences.

Quand la section d'accusation a rejeté la demande, comme il est dit ci-dessus, il y a là un vrai jugement qui, sans doute, préjudicie à celui qui a fait la demande.

Si le rejet a eu lieu en considération des faits, comme si on jugeait que la bonne conduite n'est pas bien démontrée, on ne peut se pourvoir en cassation et cela se comprend. Mais en serait-il de même si la section d'accusation avait rejeté la demande pour des raisons de droit ou avait commis quelque vice de forme ? Je tiens pour certain qu'il y aurait là matière à pourvoi en cassation, parce que, en cas de rejet de la demande de réhabilitation, la section d'accusation n'émet pas un simple avis, une opinion, mais rend un jugement.

Sans doute, les articles du code de procédure pénale, relatifs au recours en cassation, n'ont trait qu'aux jugements ordinaires, mais on lit dans la loi d'organisation judiciaire le principe : « Que la cour de cassation annulera toutes les décisions et tous les jugements non susceptibles d'appel dans lesquels auraient été violées les formes essentielles et qui auraient contrevenu au texte des lois et des décrets qui ont force de loi (art. 105, loi du 17 février 1861). »

Le code de procédure n'accorde ni n'enlève le droit de remédier aux actes du juge, ceci dépendant uniquement de la loi organique, mais il établit simplement la forme et les délais pour l'emploi de ces remèdes. Si les

1. Cass., 1er sept. 1853, 21 avril 1855.

articles du code de procédure, relatifs au pourvoi en cassation, n'ont pas expressément parlé du cas en question, cela n'enlève pas, je le répète, le droit qui découle de l'art. 105 de la loi organique. On a une décision du juge qui rejette une demande tendant à l'exercice d'un droit accordé par la loi, on a par suite un jugement, et si ce jugement viole la loi, il ne peut être soustrait à la censure de la cour de cassation; on ne peut refuser à l'intéressé le droit de provoquer un nouvel examen.

L'art. 821 a prévu le cas où la section d'accusation a rejeté la demande de réhabilitation et a établi le temps après lequel on pouvait la renouveler. Mais on n'a pas prévu le cas où la réhabilitation serait refusée, malgré l'avis favorable de la section d'accusation. On peut croire qu'il est sinon impossible du moins très rare que cela se présente; en fait, cela est vrai; mais si le cas se présentait, je crois qu'on devrait appliquer, par analogie, la même disposition de l'art. 821.

Le décret royal de réhabilitation, suivant l'art. 823 est expédié *à la cour* dont la section d'accusation a émis l'avis et *la cour* même doit en donner lecture en audience publique. En parlant de *la cour* et non de quelqu'une de ses sections, il s'ensuit que, pour la lecture du décret, toutes les sections de la cour doivent se réunir en assemblée générale [1].

On s'est posé la question de savoir si le roi peut accorder la réhabilitation sans l'observation des règles et de la procédure établis par la loi. Je ne m'occuperais pas de cette question, tant la solution me semble facile, si je ne savais qu'il s'est produit des opinions autorisées pour l'affirmative [2]. Sous un gouvernement absolu, tous les pouvoirs sont réunis dans une seule main, et celui qui fait la loi peut aussi en exempter; il s'ensuit que la question posée se résoudrait par l'affirmative.

Dans un État constitutionnel, où la loi doit être observée, tant que la règle de la constitution n'a pas été révoquée ou modifiée, la question ne peut être résolue que dans le sens de la négative.

J'ai déjà démontré que le pouvoir accordé au roi par le code de procédure pénale d'accorder la réhabilitation était distinct du droit de grâce qui, suivant la constitution du royaume, constitue une prérogative de la couronne. Ce point admis, il est évident qu'il faut observer les formalités établies par la loi. Mais si l'on suppose que la réhabilitation est une grâce, la question devra toujours être résolue négativement. De plus, quand le roi exerce ses pouvoirs constitutionnels, il les exerce suivant la loi existante votée par les deux chambres et sanctionnée par lui. Ainsi, par exemple, le roi promulgue les lois, mais il y a une loi spéciale qui établit les modes et les règles de promulgation. Le roi nomme tous les fonctionnaires de l'État, mais il y a les lois qui établissent les conditions de capacité pour ces nominations. Quoi de plus? Le droit de grâce aussi a ses règles propres dans le code de procédure pénale (art. 805 et suiv.), et sa détermination dans le code pénal

1. C'est ce que l'on pense en France, Poitiers, 28 nov. 1828.
2. V. *Juriste,* de Naples, 6ᵉ année, nᵒ 7, p. 52, et en France, *Legraverend.*

(art. 13). La réhabilitation ne peut donc être accordée que suivant les règles établies par la loi, et la grâce, pour étendue qu'elle soit, n'emportera pas avec elle réhabilitation.

3° *Effets de la réhabilitation.* — « La réhabilitation, dit l'art 815 du code de procédure, fera cesser pour l'avenir, dans la personne du condamné, toutes les incapacités qui résultent de la condamnation, à l'exception de l'interdiction de l'exercice des droits politiques dont il est parlé dans le premier alinéa de l'article 19 du code pénal, sauf la disposition de l'article 826 du présent code de procédure. »

Dans le code français de 1791 on disait que la réhabilitation faisait cesser tous les effets et toutes les incapacités, et il en était ainsi dans le projet du code d'instruction criminelle, mais on fit justement observer que la réhabilitation tendait à faire cesser les incapacités et non les effets de la condamnation, et l'article fut corrigé dans ce sens par la suppression des mots *tous les effets*. La loi française de 1852 parle seulement des incapacités. Le même système est adopté par le code italien. Il s'ensuit que non seulement les effets de la condamnation restent entiers pour la récidive, mais aussi pour toutes les condamnations pécuniaires; ceci est expressément établi par l'alinéa de l'art. 825, où l'on dit : « La réhabilitation a lieu sans préjudice de ce qui est établi dans l'alinéa de l'art. 136 du code pénal. »

L'alinéa de l'art. 136 dispose que la grâce laisse intactes les condamnations pécuniaires, les confiscations et les actions pour les dommages et les frais. Ces condamnations restent donc entières même après la réhabilitation.

Mais la réhabilitation libère-t-elle de la surveillance spéciale de la sécurité publique? Je ne doute pas de l'affirmative; d'abord il serait absurde que celui qui a été réhabilité pour avoir eu une bonne conduite fût soumis à la surveillance; ensuite être soumis à la surveillance, c'est supporter la plus grave des incapacités.

La réhabilitation pénale ne doit pas être confondue avec la réhabilitation commerciale, qui a non seulement ses règles et ses formes propres, mais qui encore est refusée aux banqueroutiers frauduleux, auxquels aucune disposition ne refuse la réhabilitation pénale (art. 606 lois d'excep., 655 c. de comm.). Les banqueroutiers condamnés aux travaux forcés pourront donc obtenir la réhabilitation pénale. La loi française de 1852 le décide expressément ainsi; mais même dans le silence du code italien on ne pourrait penser autrement, car on ne saurait imposer des restrictions arbitraires à une disposition générale de la loi.

En France, la réhabilitation restitue toutes les capacités sans restriction. Suivant l'art. 633 des lois de procédure pénale de 1819, la réhabilitation n'effaçait pas l'interdiction des emplois publics sans une mention expresse du décret, ce qui rendait presque inutile la réhabilitation ordinaire. Le code piémontais de 1847, antérieur à la constitution, suivit le système français en déclarant que la réhabilitation faisait cesser toutes les incapacités. Le nouveau code, dans l'article ci-dessus rapporté, dispose que la réhabilitation ne restitue pas les droits d'électeur et d'éligible et les autres droits politiques, excepté dans le cas prévu par l'art. 826.

Les lois de procédure pénale de 1819, comme le code français, n'établissaient pas l'époque à laquelle commencent les effets de la réhabilitation ; en France on supplée à cette lacune du code par un avis du conseil d'État des 12-25 prairial an XIII.

Le code en vigueur, imitant celui de 1847 (art. 792), dispose ainsi : Art. 825. « La réhabilitation produit son effet du jour où la cour qui a prononcé la sentence aura donné lecture du décret en audience publique, aux termes de l'alinéa de l'art. 823. »

Mais que signifient les mots *la cour qui a prononcé la sentence?* De quelle cour parle-t-on, de celle qui a prononcé la condamnation ou de celle dont la section d'accusation a émis l'avis sur la demande de réhabilitation?

Il est clair que les deux lectures peuvent avoir lieu en temps différent et se faire sans la présence du réhabilité, car la loi ne l'a pas prescrit et n'a pas disposé qu'il soit avisé pour se présenter.

Il me semble que l'art. 825 parle de la cour, dont la section d'accusation a examiné la demande de réhabilitation. C'est dans la juridiction de cette cour que réside le réhabilité, et pour cela la lecture du décret peut être plus parfaitement connue. En outre c'est devant cette cour qu'ont eu lieu tous les actes ; le complément de ces actes est dans la lecture que l'on fait devant cette cour plutôt que dans celle qui est faite devant la cour qui a prononcé la condamnation. Je ne dissimulerai pas qu'on peut objecter que la décision de ladite section est toujours appelée *avis* (art. 820, 822); il n'y aurait que l'art. 825 seul qui l'appellerait sentence.

IV. — Idées sur la confection d'une nouvelle loi relative a la réhabilitation des condamnés.

Malheureusement, à chaque session, les cours d'assises n'envoient pas dans les lieux de détention un petit nombre de condamnés, et malheureusement parmi ceux qui en sortent quelques-uns y retournent en état de récidive ; mais ce n'est pas trop présumer de la perfectibilité humaine que de concevoir la douce espérance que, grâce aux institutions de l'État et de la charité privée, le nombre des délinquants ne décroisse d'année en année, et que les cas de récidive diminuant aussi, ceux de réhabilitation n'augmentent à leur tour.

Il me semble donc qu'une bonne loi sur la réhabilitation pourrait avoir quelque influence sur l'amélioration morale des condamnés, et que la loi actuelle pourrait être améliorée. Voici quelle devrait être, à mon point de vue, la loi nouvelle.

Nous sommes heureusement loin de ces temps où celui qui cominentait une loi devait, s'il voulait vivre en paix, se taire sur ses défauts pour ne pas avoir à subir les mutilations de la censure. Je crois fermement que le système actuel consacré pour la réhabilitation mérite une réforme sérieuse, mais je n'ai pas la présomption de prétendre que ce que je vais proposer soit ce qu'il y a de mieux. Mon pays possède des légistes philosophes qui feraient mieux que moi, et lors même que je n'aurais fait qu'attirer leur attention sur ce sujet, je croirais avoir encore accompli quelque chose de louable.

1° *Des conditions nécessaires pour obtenir la réhabilitation.* — Le principe qui doit dominer la réhabilitation a été entrevu et sanctionné par la loi française de 1791. Je me fais un devoir de louer les législateurs qui ont su le faire passer du domaine de la théorie dans celui de la pratique.

Suivant le code de 1791, à juste titre imité par ceux qui l'ont suivi, il fallait avoir observé une bonne conduite pour pouvoir obtenir la réhabilitation. Sur ce point il n'y a pas d'innovation à faire. Pour qu'on ait la certitude que le changement de mœurs soit vrai et réel, on exige un certain temps d'épreuve depuis la libération jusqu'au jour de la demande; il faut que le condamné soit demeuré dans le royaume et ait eu un domicile quelque part, car il est difficile de s'assurer de la bonne conduite des vagabonds et de ceux qui demeurent à l'étranger.

Ce que je trouve à critiquer dans le code en vigueur, c'est le délai de cinq années qui se trouve indistinctement requis dans tous les cas. Le code de 1791 exigeait dix années, celui de 1808, ceux de 1847 et de 1859, le réduisirent à cinq années. Les lois de procédure pénale de 1819 prescrivirent vingt années pour les condamnés à la seule peine de l'interdiction perpétuelle des fonctions publiques, cinq années pour les condamnés aux fers, trois années pour les condamnés à une peine criminelle moindre. Je crois qu'on devrait adopter, tout en le corrigeant, le système des lois de 1819.

D'abord le délai de cinq années pour les condamnés à la peine de l'interdiction des fonctions publiques me semble trop court, ce serait rendre illusoire la condamnation, chose qu'on doit d'autant plus éviter qu'une telle peine s'applique d'ordinaire à des fonctionnaires publics pour des fautes commises en fonction. Si le délai de vingt années exigé par les lois de 1819 paraît trop long, on devrait au moins exiger dix années. Pour les autres condamnations, j'estime qu'une peine plus grave indique un crime plus grand et qu'en conséquence une plus grande dépravation du condamné doit entraîner un plus long délai d'épreuve pour qu'on puisse avoir foi dans son amendement et lui accorder la réhabilitation.

Nous avons déjà fait remarquer que, suivant le code en vigueur, à la différence des lois de procédure pénale de 1819, le condamné aux travaux forcés à perpétuité, qui avait obtenu une remise ou commutation de peine, pouvait être réhabilité. J'approuve la disposition du nouveau code, mais je trouve qu'il n'est pas juste d'exiger cinq années d'épreuves pour le coupable qui a mérité les travaux forcés à perpétuité et pour celui qui est resté interdit, à la suite d'une condamnation à la réclusion (art. 21 et art. 23 du code pénal); je voudrais qu'on établît une différence entre ceux qui ont été soumis à la surveillance spéciale de la sécurité publique et ceux qui ne l'ont pas été. On peut se demander, en effet, si la bonne conduite des premiers a été l'effet de la nécessité ou de la bonne volonté, et c'est pour ce motif que je voudrais les voir soumis à un temps d'épreuve plus long.

Voici la gradation qui, selon moi, devrait être adoptée : a) Dix années pour celui qui aurait été condamné à la seule interdiction des emplois publics ; pour celui qui aurait subi une condamnation aux travaux forcés à perpétuité, suivi d'une grâce ou d'une commutation de peine ; pour le récidiviste de crime à crime ; — b) Huit années pour ceux qui auraient été condamnés aux travaux forcés à temps ou à la réclusion du troisième degré avec soumission à la surveillance spéciale de la sécurité publique ; — c) Six années pour les condamnés aux travaux forcés ou au troisième degré de réclusion sans surveillance ; — d) Trois années pour les condamnés à des peines inférieures.

Si un tel système venait à être adopté, je crois qu'on pourrait modifier l'article 821 et permettre, comme l'avait fait le code français de 1791, à celui dont la demande avait été rejetée de la renouveler, sans distinguer la condamnation, après un délai de deux années. Quand le premier délai est assez long, on peut abréger le second.

Quant aux dispositions en vigueur, relatives aux conditions nécessaires pour pouvoir être réhabilité, je crois qu'on pourrait leur faire utilement subir les modifications suivantes. Il faudrait d'abord définir le mot récidiviste et sur ce point je renvoie à ce que j'ai dit plus haut. Il me semble juste que celui qui a été successivement condamné pour deux crimes ne puisse demander la réhabilitation qu'après un temps d'épreuve de plus longue durée ; mais on ne peut en dire autant du récidiviste de crime à délit. Cette circonstance pourrait exiger d'autres preuves de moralité ; elle ne saurait servir d'élément légal pour une prolongation du temps d'épreuve. Il est un grand nombre de délits prévus par le code dont on peut se rendre coupable sans cependant être pour cela un homme perverti et immoral.

Pour dissiper le doute auquel donne lieu le code actuel, on devrait encore décider si celui qui a prescrit sa peine peut demander sa réhabilitation. Selon moi, la nouvelle loi devrait trancher la question dans le sens de l'affirmative.

2° *Par quel pouvoir de l'État la réhabilitation devrait être accordée.* — Nous avons dit plus haut que si aujourd'hui la réhabilitation est accordée par le roi, ce n'est pas en vertu de la constitution politique de l'État et d'une prérogative de la couronne, mais en vertu d'une disposition du code de procédure pénale. Nous avons dit également pour quelle raison, l'intervention du souverain nous paraissait avoir été admise par le code français de 1808, imité par les codes faits postérieurement en Italie ; mais si cette raison s'explique, la pratique ne la justifie pas.

Sous les gouvernements absolus ou qui n'ont que l'apparence des institutions libres, tout ce qui arrive s'attribue ou du moins veut-on que cela s'attribue au roi. Par suite comme il a l'honneur, je ne dirai pas la reconnaissance, des grâces et des concessions qu'il fait, il doit aussi accepter la rancune que provoquent ses refus. Celui qui veut un principe doit en supporter les conséquences. Mais sous un gouvernement sincèrement constitutionnel, il est dangereux de faire intervenir le roi là où il n'a qu'à accomplir un acte inutile en approuvant l'avis de l'autorité judiciaire ou à s'attirer le désagrément qu'engendre tout refus, désagrément qu'on trouve non seulement chez celui dont la demande a été rejetée, mais aussi chez les conseillers municipaux qui ont attesté la bonne conduite, les magistrats qui ont émis un avis favorable et j'ajoute le public qui verra tomber le jugement régulier de l'autorité judiciaire pour des motifs qui restent occultes.

Si le pouvoir exécutif ne peut intervenir dans une demande en réhabilitation, l'intervention du pouvoir législatif ne saurait selon moi être soutenue. On ne saurait invoquer l'exemple des Romains, chez lesquels, au temps de la République, la restitution s'accordait par le peuple réuni dans les comices. Les comices, comme je l'ai dit ailleurs, effaçaient les condamnations. La séparation des pouvoirs dans la constitution de Rome n'était pas réglée comme elle l'est par les constitutions modernes. La différence entre l'exercice du pouvoir judiciaire gît en ceci que celui-là établit d'une manière générale les droits et les obligations tandis que celui-ci ne les proclame que d'une manière particulière et concrète. La loi établit quelles personnes et sous quelles conditions la réhabilitation peut être obtenue. Il s'ensuit que le pouvoir judiciaire doit déclarer si dans un cas particulier un individu déterminé mérite ou non d'être réhabilité. La réhabilitation est par suite et doit être un acte purement judiciaire.

Le code français de 1791 conférait au conseil municipal le pouvoir d'accorder la réhabilitation ; l'intervention du magistrat n'avait trait qu'à la publicité et à la solennité de l'acte et ne pouvait comprendre aucun examen. Je ne puis approuver ce système. Avec la réhabilitation, il n'est pas question de donner un citoyen actif seulement à la commune mais à l'État entier, et le seul jugement du conseil municipal n'est pas suffisant.

La concession de la réhabilitation dépend de la solution de questions de fait et de droit, tout aussi bien que la condamnation d'un coupable, et la question de fait consiste dans le point de savoir si le condamné a eu une bonne conduite pendant le temps requis par la loi. Les questions de droit seront tranchées par les magistrats. Mais qui décidera les questions de fait sinon les jurés. La société par l'intermédiaire des jurés a déclaré tel homme pervers, indigne d'estime et de confiance ; en conséquence de cette déclaration il a été privé des droits dont jouissent les autres citoyens. Qui devra déclarer que cet homme, par son repentir par sa vie laborieuse et honnête, a reconquis l'estime et la confiance publiques et qu'il mérite de rentrer juridiquement, comme il est déjà rentré moralement, dans la communauté civile? Pour moi je n'hésite pas à dire qu'une telle déclaration ne peut être faite que par un jury. Le jugement de réhabilitation ne peut donc être confié qu'aux cours d'assises composées de magistrats et de jurés.

D'autres raisons commandent encore qu'il en soit ainsi. La condamnation d'un coupable est une nécessité sociale, mais une douloureuse nécessité, un malheur. La réhabilitation est le triomphe de la justice et de la morale. C'est un devoir pénible qu'accomplissent les magistrats, les jurés et les té-moins quand ils concourent à un jugement de condamnation et le public qui y assiste, s'il a la satisfaction de voir un acte de tutelle de la sécurité publique, il éprouve aussi la douloureuse impression de voir un citoyen soustrait au commerce de ses concitoyens, enlevé du sein d'une famille. Au contraire, quand il est question de la réhabilitation d'un condamné, on fait un acte consolant, car l'homme déjà soumis à une peine, frappé d'incapacité à cause de sa perversité, au nom et par l'effet de son amendement que consacre une vie sans reproches se présente pour demander la restitution de ces capacités. Agréable est alors la mission de celui qui est appelé à connaître et à juger la demande, noble et moralisateur est le spectacle qu'on peut offrir au public. S'il en est ainsi, je ne vois pas pourquoi le jugement de condamnation serait public et celui de la réhabilitation secret et mystérieux. Je crois dès lors que la réhabilitation doit être le résultat d'un jugement public, devant la cour d'assises du « domicile légal » de celui qui fait la demande.

3° *Procédure de la réhabilitation.* — L'instruction préparatoire, l'examen préliminaire en tant qu'on ne procède point contre l'inculpé, la discussion en présence du public, de l'accusation, de la défense et des témoignages, le jugement des juges sur le fait, celui des magistrats sur l'application de la peine, constituent, suivant le code en vigueur, les différentes phases de la procédure pour la répression des crimes et de quelques délits. Le but de notre procédure pénale est de condamner le coupable et de mettre l'innocent, autant que possible, à l'abri de l'erreur et de la malveillance.

Dans la réhabilitation, le but est différent mais non moins important, il consiste dans la restitution au condamné des capacités qu'on lui avait enlevées comme en étant indigne, alors que par une vie de travail et de probité il a reconquis l'estime publique. La procédure qui est suivie pour arriver à à la découverte certaine de la vérité, à la déclaration de culpabilité et par suite à l'application de la peine, nous paraît devoir être suivie pour arriver à la déclaration de l'amendement du condamné et à sa restitution dans la jouissance et l'exercice des droits de citoyen italien. Il ne peut pas y avoir deux moyens pour la découverte de la vérité suivant qu'il s'agit de punir ou de réhabiliter, de déclarer quelqu'un coupable ou amendé.

L'acte initial de la procédure en réhabilitation est actuellement et ne peut être que la demande du condamné; lui seul a intérêt à la faire et il peut seul apprécier s'il lui convient de rester encore dans la condition juridique qui lui est faite ou s'il peut s'adresser au jugement public de ses concitoyens avec l'espérance qu'il lui sera favorable.

La demande de réhabilitation, aux termes de l'article 817 du code de procédure pénale, doit être présentée au secrétariat de la cour d'appel. Il n'y a pas de motif pour rendre plus difficile la présentation d'une demande en réhabilitation que la présentation d'une simple supplique, et je serais d'avis qu'on pût la présenter aussi au juge de mandement et au suppléant communal (art. 27, loi du 17 février 1861). Pour être certain que la demande émane bien du condamné, elle devrait être faite verbalement par lui devant l'officier public, ou si elle est écrite, elle devrait être ratifiée par le réclamant en personne ou par un fondé de pouvoirs, muni d'un mandat spécial et authentique (arg., art. 100, code de procédure pénale).

A la demande, suivant le code en vigueur, on doit joindre les attestations de bonne conduite délivrées par les administrations communales, approuvées par les juges de mandement et le procureur du roi. Suivant la loi française de 1852 le procureur de la république, auquel on doit adresser la demande, se procure d'office par l'intermédiaire du sous-préfet, les délibérations des conseils municipaux. Je n'approuve ni l'un ni l'autre de ces systèmes.

Le code de 1791 était logique quand il exigeait la délibération du conseil municipal parce qu'après lui il n'y avait pas lieu à d'autre discussion. Mais quand on exige un jugement de magistrats et un autre du pouvoir exécutif, rien ne me semble plus inconséquent que d'exiger encore une délibération d'un corps électif. Qui, mieux que la cour d'appel ou le ministre, peut apprécier la moralité du réclamant? Quand l'avis du conseil municipal a été favorable et que la réhabilitation a été refusée, il y a toujours quelqu'un qui perd de la considération et du crédit dans l'opinion publique. Je trouve insuffisante l'appréciation du conseil municipal. Il peut ignorer beaucoup de faits importants; le condamné peut avoir eu une bonne conduite dans l'endroit où il demeure, et avoir commis ailleurs quelque mauvaise action; du moment que l'attestation du conseil municipal est le seul document légal qu'on exige, on ne peut qu'y avoir foi, et à une semblable attestation qu'opposeront la cour et le ministre? Rien que les informations particulières (art. 627), et je n'ai pas besoin de démontrer le peu de confiance qu'elles méritent. C'est un affront que l'on fait au conseil municipal que de repousser une demande qu'il a sanctionnée par son vote.

En Italie les attestations de bonne conduite sont délivrées par les juntes communales (art. 90, n° 13, L. prov. munic. du 23 octobre 1859); il s'ensuivrait que les inconvénients que j'ai signalés seraient moindres, mais s'ils sont moindres ils existent toujours. En outre, le code italien présente un autre grave défaut qui réside dans la nécessité de « l'approbation » du juge de mandement et du procureur du roi. La réhabilitation est accordée ou refusée après l'appréciation de la section d'accusation, suivant les articles 820 et suivants; mais la nécessité de l'approbation met le refus entre les mains du juge de mandement et du procureur du roi, car la demande ne peut suivre son cours si l'approbation est refusée.

La réhabilitation n'est pas chose qui intéresse exclusivement une commune ; le condamné peut changer de domicile, et quand il est réhabilité il acquiert la capacité par rapport à tous les citoyens ; or si l'appréciation de la moralité ne peut être faite par tout le monde, il n'est pas besoin de se contenter de celle qui émanerait d'un ou de plusieurs conseils municipaux. Je combats aussi bien le système du code de 1791 qui abandonnait tout à l'appréciation du conseil municipal, que ceux adoptés depuis, et je suis d'avis qu'on en exclue la représentation communale. Mais si j'exclus la représentation communale comme corps constitué, je n'exclus pas les individus qui la composent, lesquels, au contraire, devraient être les premiers entendus sur la demande de réhabilitation, comme étant des personnes déclarées, par le suffrage de leurs concitoyens, dignes de toute considération et d'estime. Je supprime les attestations soit des juntes, soit des conseils municipaux et je les remplace par un procès en règle, à l'aide de témoignages régulièrement recueillis par le juge chargé de l'instruction.

Suivant mon opinion sur ce point, il faudrait que la demande de réhabilitation contînt la biographie du réclamant (arg. art. 99, code de procédure pénale) pour qu'elle servît de guide au juge instructeur. Celui-ci se procurera le jugement de condamnation et des certificats extraits des registres criminels pour se renseigner si le requérant a commis d'autres délits, ainsi que des extraits des registres des lieux de détention afin de connaître la conduite qu'il y aurait eue. L'instructeur entendra en outre toutes les personnes honnêtes et douées de courage civique, qui pourraient lui fournir des renseignements utiles, et le procès en réhabilitation sera complet et fini.

Pour la poursuite d'un coupable, le procès est soumis à l'appréciation de la cour d'appel, section d'accusation, qui décide s'il y a lieu de renvoyer l'inculpé devant la cour d'assises. Ce n'est point ici le lieu d'examiner s'il ne serait pas préférable qu'il y ait un jury d'accusation à la section d'accusation. Le jugement préliminaire est d'une grande importance. Avant de faire subir à un citoyen la honte et les souffrances d'un jugement public, il est juste d'examiner s'il y a des raisons pour que cela ait lieu. Dans le jugement de réhabilitation y aurait-il un semblable examen préliminaire ?

La raison de douter est dans la différence intrinsèque qu'il y a entre les affaires de réhabilitation et celles qui tendent à une condamnation. Quand on déclare qu'il n'y a pas lieu à suivre, faute de preuves, contre un inculpé, on le préserve, comme il est dit, de la honte et des souffrances d'un jugement public. Quand, au contraire, dans l'examen préliminaire de la section d'accusation, on déclare qu'il n'y a pas lieu à jugement de réhabilitation, le requérant se verrait privé d'un droit. Par suite s'il me semble juste que la section d'accusation déclare qu'il n'y a pas lieu à poursuite contre un inculpé, il me paraît injuste que quelques magistrats, à huis clos, refusent la réhabilitation. Le jugement affirmatif de culpabilité qui porte l'application de la peine est comparable à celui qui est négatif sur la demande de réhabilitation, car le premier porte la perte de la capacité, le second a pour effet de faire durer l'incapacité encourue. L'un et l'autre doivent donc être prononcés par le jury.

Mais si de ce que je viens de dire on doit conclure que la section d'accusation doit toujours renvoyer à la cour d'assises le jugement de la demande en réhabilitation, on ne peut nier, que dans beaucoup de cas, il pourrait en résulter de fâcheuses conséquences, lorsque, par exemple, la demande même aurait été inconsidérée ou tout au moins prématurée. On ne peut nier, en outre, au point de vue de l'effet moral, que le rejet d'une demande de réhabilitation, fait par le jury, après un débat solennel et public, équivaut à une nouvelle condamnation. Qu'on ne m'oppose pas que la considération qui précède contient la condamnation de mon système de publicité et que dès lors il faudrait conserver le système actuel du jugement secret. La publicité est une garantie tant pour la société que pour l'individu qui est soumis au jugement, et pour ce motif il faut la conserver sans se soumettre aux difficultés qui peuvent se rencontrer. Il est nécessaire, au contraire, de vaincre ou d'amoindrir les difficultés. Or je crois qu'il y a un moyen très facile de réparer le mal que j'ai signalé. Dans la procédure tendant à la punition d'un fait, l'inculpé est interrogé après le jugement d'accusation, et c'est alors seulement qu'on lui communique le procès. Je n'examine pas et ne dois pas examiner le bien fondé de cette diposition du code en vigueur, je dirai seulement que quelques-unes des raisons qui militent en sa faveur peuvent être invoquées au cas d'un jugement de réhabilitation et que par suite, le procès une fois fini, le requérant devrait en recevoir communication et être interrogé. Il décidera s'il y a lieu ou non pour lui de s'exposer à un jugement public. Si à la suite du mandat de comparution il ne se présente pas ou si, s'étant présenté, il déclare se désister de la demande, la section d'accusation déclarera qu'il n'y a pas lieu à une procédure ultérieure. Si, au contraire, après avoir pris connaissance du procès, le requérant demande son renvoi devant la cour d'assises, la section d'accusation l'ordonnera. Par ce moyen, il me semble qu'il n'y aura de jugement public de réhabilitation que si tout indique qu'il sera favorable. Mais la réhabilitation ne sera plus accordée que quand les preuves de la moralité du requérant auront été discutées dans un débat public et que douze jurés, citoyens de la province et d'une moralité incontestée, auront rendu un jugement favorable. Que si par hasard le verdict était négatif, le requérant n'aura pas à se plaindre; la loi l'avait mis en mesure d'éviter ce dommage.

Il reste peu de choses à dire sur le jugement devant la cour d'assises; le procureur n'a pas, comme toujours, d'autre mission à remplir que celle de la justice; il sera le premier à proclamer le droit à la réhabilitation, quand on aura la preuve de l'amendement de l'interdit. Je crois que si on devait laisser au requérant la faculté d'assister ou non au débat, la place qu'il devrait occuper, en cas de comparution, ne devrait pas être celle qu'il occupait lors du jugement de condamnation; il devrait pouvoir se tenir auprès de son avocat.

Celui qui a fréquenté les tribunaux criminels sait avec quelle anxiété le public attend la déclaration publique de culpabilité. Dans les quelques instants qui la précèdent surtout, l'état des esprits est tel qu'il ne peut se décrire et qu'on ne peut se l'imaginer, si on n'en a pas fait soi-même l'expérience. La déclaration de culpabilité une fois lue, celui qui jette autour de lui un regard observateur, voit la satisfaction que cause la faute punie, mais il lit aussi sur tous ou presque tous les visages, la tristesse. Un citoyen va être enlevé à la société et jeté dans une maison de peine avec toutes les douloureuses conséquences qui en dérivent. Je tiens pour certain que le jugement de réhabilitation émanant des jurés, produirait le meilleur effet sur les personnes qui y assisteraient.

4° *Des effets de la réhabilitation.* — On a vu que le code italien confère à la réhabilitation des effets limités et, qu'il n'ouvre pas l'espoir de voir cette limitation supprimée au condamné, quelle qu'ait été sa conduite postérieure et quelque long qu'ait été le temps qui s'est écoulé. En France, même depuis la loi de 1852, la réhabilitation efface toutes les incapacités. J'approuve l'idée qu'on n'accorde pas d'abord toutes les capacités jusqu'à ouvrir au condamné l'accès du parlement national, mais il me semble que ce serait une sévérité excessive et sans objet, sévérité qui enlèverait une grande partie de l'efficacité morale de la réhabilitation, que de laisser subsister à perpétuité quelques effets de la condamnation nonobstant une vie d'honnêteté, d'abnégation et de sacrifices. Je pense donc qu'on devrait suivre les règles suivantes : si l'interdiction a été partielle ou à temps (art. 39 du code pénal; art. 826 du code de procédure pénale) l'effet de la réhabilitation devrait être l'entière restitution de toute capacité perdue; si l'interdiction a été à vie et totale, telle quelle résulte des articles 19, 25, du code pénal, j'estime convenable que la réhabilitation soit limitée, mais qu'elle puisse s'étendre à toutes les capacités sur une seconde demande et après un autre temps d'épreuve.

Je n'approuve pas les limitations de l'article 815 ; elles me semblent dans quelques cas trop sévères et dans d'autre trop douces. L'exclusion perpétuelle du réhabilité du droit d'élection et d'éligibilité dans tout comice, même communal, et du comice de la commune où il a son domicile et dont les habitants lui accordent leur estime et leur confiance, est par exemple, selon moi, trop sévère. J'entends qu'on l'éloigne des comices pour la représentation nationale, mais non qu'on l'exclue des comices communaux et provinciaux, car la province n'est pas une société politique mais une division administrative, une réunion de communes, parmi lesquelles la communauté de conditions économique crée une certaine communauté d'intérêts et entraîne la nécessité d'une représentation commune. En revanche, je trouve trop douce et en contradiction avec elle-même la disposition qui exclut le réhabilité de toute intervention dans les comices communaux et qui le rend apte à toute fonction, emploi ou office publics.

Je suis d'avis que l'article 815 devrait recevoir une nouvelle rédaction et contenir de plus grands développements ; en conséquence pour l'interdiction totale et à vie, il devrait disposer qu'il y aurait une première et une deuxième réhabilitation, celle-là partielle et limitée, celle-ci pleine et entière. En vertu de la première on ne devrait pas obtenir les capacités suivantes : le droit de vote dans les comices pour l'élection des députés au parlement national ; le droit d'éligibilité à aucune des chambres législatives ; le droit d'être juré ; celui d'être nommé à quelques autres fonctions publiques que la loi devrait déterminer. Après un certain temps pendant lequel le réhabilité aura continué de mener une vie irrépréhensible, interviendrait la réhabilitation définitive et entière.

Fontainebleau. — M.-E. Bourges, imprimeur breveté.

PETITE ENCYCLOPÉDIE JURIDIQUE

Sous ce titre, nous publions une série de volumes in-18 jésus dans lesquels toutes les matières de Droit civil, pénal, commercial et administratif se trouveront traitées, à un point de vue essentiellement pratique, et sous forme de manuels se vendant séparément. Cette collection formera un véritable **Répertoire général du Droit**, tenu constamment au courant de la législation et de la jurisprudence les plus récentes.

Voici la liste des ouvrages déjà parus :

Code des Théâtres, contenant un exposé des principes juridiques, le texte des principaux décrets, circulaires et règlements, etc., par Charles Constant, avocat à la cour de Paris. 1882, 2ᵉ édition, 1 vol.   3 50

Code de la Chasse et de la Louveterie, commentaire de la loi du 3 mai 1844, modifiée par celle du 22 janvier 1874; traité sur la louveterie, etc.; par P. Leblond, avocat à la cour de Rouen. 1878, 2 vol.   6 »

Code municipal ou Manuel des conseillers municipaux, contenant l'exposé de la législation municipale et les solutions pratiques des questions qui peuvent intéresser les communes et les conseillers municipaux, par Ambroise Rendu, avocat à la cour de Paris. 1879, 2 vol.   6 »

Code de l'Officier de l'état civil, avec tables et formules, par A. Addenet, ancien procureur de la République. 1879, 1 vol.   3 50

Code des Propriétaires de bois et forêts, locataires de chasses; de leur responsabilité par suite des dégâts causés par le gros et le petit gibier; par M. Frémy, juge suppléant à Senlis. 1879, 1 vol.   2 »

Codes de la Propriété industrielle, Manuels pratiques des législations française et étrangères à l'usage des inventeurs et des fabricants, par Ambroise Rendu, avocat à la cour de Paris :

Brevets d'invention. 1879, 1 vol.   3 50

Contrefaçon des inventions brevetées. 1880, 1 vol.   3 50

Marques de fabrique. 1880, 1 vol.   3 50

Code départemental ou Manuel des conseillers généraux et d'arrondissement, commentaire pratique de la loi du 21 août 1871, et des lois relatives à l'administration départementale, au budget, à l'instruction publique, etc., par Charles Constant, avocat à la cour de Paris. 1880, 2 vol.   7 »

Code des Règlements d'Ordres, soit amiables, soit judiciaires et des collocations des créanciers, par A. Ulry, juge chargé des ordres à Guéret. 1881, 2 vol.   7 »

Code des Réunions publiques, électorales et privées. Commentaire pratique de la loi du 30 juin 1881, par Ch. Constant, avocat à la cour de Paris. 1881, 1 vol.   2 »

Code des Établissements industriels, contenant la législation et la jurisprudence concernant les ateliers dangereux, insalubres ou incommodes, etc., par Ch. Constant, avocat à la cour de Paris. 1881, 1 vol.   3 50

Code des Juges de paix, considérés comme officiers de police judiciaire, auxiliaires du procureur de la République et délégués du juge d'instruction, par A. Scohyers, ancien avoué, juge de paix du canton de Courville. 1881, 1 vol.   2 »

Code rural, régime du sol, police rurale, régime des eaux, etc.; par P. de Croos, avocat à Béthune. 1882, 2 vol.   7 »

Code électoral, formation et revision annuelle des listes électorales, d'après la jurisprudence de la cour de cassation, par E. Greffier, conseiller à la cour de cassation. 1882, 1 vol.   3 50

Code des Chemins vicinaux et des Routes départementales, par A. Gisclard, ancien conseiller de préfecture, avocat à Périgueux. 1882, 2 vol.   7 »

Code des Chemins de fer d'intérêt local, par le même auteur. 1882, 1 vol.   3 »

Code de la Presse, commentaire de la loi du 29 juillet 1881, par C. Bazille, avocat à la cour de cassation, et Ch. Constant, avocat à la cour de Paris. 1883, 1 vol.   4 »

Code des Transports de marchandises par chemins de fer, par L.-J.-D. Féraud-Giraud, conseiller à la cour de cassation. 1883, 2 vol.

www.ingramcontent.com/pod-product-compliance
Ingram Content Group UK Ltd.
Pitfield, Milton Keynes, MK11 3LW, UK
UKHW021151140726
13695UKWH00005B/2074